Inhalt

E-Health - Informationstechnologie wird Gesundheitskosten senken

Kernthesen

Beitrag

Fallbeispiele

Weiterführende Literatur

Impressum

E-Health - Informationstechnologie wird Gesundheitskosten senken

M.Westphal

Kernthesen

- Die Kostenentwicklung im Gesundheitswesen ist dramatisch.
- Die Informationstechnologie bietet vielerlei Ansätze, die Qualität der medizinischen Betreuung bei gleichzeitig sinkenden Kosten zu steigern.
- E-Health-Projekte werden mit deutschen und europäischen Fördergeldern unterstützt.

Beitrag

Die Gesundheitskosten steigen dramatisch

Der demographische Trend zu einer älter werdenden Gesellschaft, verbunden mit einem starken Anstieg der Gesundheitskosten, verlangt nach Lösungsansätzen wie der extremen Kostenentwicklung entgegengewirkt werden kann. Unter dem Oberbegriff E-Health sind verschiedenste Konzepte wie Telemedizin oder Gesundheitstelematik zusammengefasst, die mit Hilfe der Informationstechnologie die Kosten verringern sollen. Futuristisch anmutende Ideen sind Treffen mit dem Hausarzt per Videokonferenz oder auch Kaffeemaschinen, die automatisch Alarm auslösen, wenn sie nicht zur gewohnten Zeit eingeschaltet werden. (1)

Die IT bietet viele Ansätze, das Gesundheitswesen zu revolutionieren

Vor allem chronisch kranke Patienten sollen in

Punkto Versorgung, Lebensqualität und Prognose von der Telemedizin profitieren. Unter Telemedizin werden die verschiedensten klinischen Anwendungen zur elektronischen Übermittlung von biologischen Daten vom Patienten zum Arzt zusammengefasst. Parameter, die von verschiedenen Geräten automatisiert zum Arzt übertragen werden, sind z. B. Herzfrequenz, Blutdruck, EKG-Veränderungen, Sauerstoffsättigung, Körpergewicht, Atemfrequenz und Körpertemperatur. Die Übermittlung der Daten kann dabei ereignisgesteuert aber auch kontinuierlich erfolgen.
Durch solche Geräte kann eine bessere, kontinuierliche Überwachung der Patienten stattfinden bei gleichzeitiger Senkung der Frequenz der Arztbesuche.
In verschiedenen Studien ist auch die hohe Patientenakzeptanz von Telemedizin erhoben worden. [5]
Bio-, Druck- und Beschleunigungssensoren sowie Mikrofone, Kameras und GPS- oder Mobilfunkdaten ermöglichen ein nahezu vollständiges Analysieren der menschlichen Körperfunktionen. [10], [9]
Das Konzept Ambient Assisted Living (AAL) umfasst computergestützte Assistenzsysteme, die das Leben älterer oder behinderter Menschen erleichtern soll. Darunter können Roboter fallen, die das Frühstück ans Bett servieren, wie aber auch Sensoren in Fußböden, die Alarm auslösen, wenn ein Körper

länger regungslos auf dem Boden liegen bleibt. Das Bundesforschungsministerium hat in diesem Jahr insgesamt 30 Millionen Euro bereitgestellt. Deutschland soll in diesem Bereich bereits Innovationsführer sein. Mit den Fördergeldern will man diese Position weiter ausbauen. (9)

Auch die Bundesärztekammer will bei E-Health mitgestalten

Die zunehmende Bedeutung der Telematik in der Medizin wird auch dadurch verdeutlicht, dass die Bundesärztekammer zukünftig dieses Thema stärker mitgestalten will.
Die Einführung der elektronischen Gesundheitskarte gestaltet sich zwar immer noch sehr stockend. Die zunehmende Verbreitung der Informations- und Kommunikationstechnologie im Gesundheitswesen zeigt sich aber vor allem im Aufbau der bundesweiten Telematikinfrastruktur für das Gesundheitswesen. Hierfür hat die Bundesärztekammer ein eigenes Dezernat eingerichtet. Ziel ist es, die vielen regionalen und häufig sehr innovativen Insellösungen miteinander zu vernetzen und die Interoperabilität dieser Lösungen zu gewährleisten. (7)

Heute herrschen noch Insellösungen vor mit mangelnder Interoperabilität

Probleme im Bereich E-Health ergeben sich heute aus der mangelnden Interoperabilität der verschiedenen Lösungen. Es gibt bis dato keine Schnittstellendefinitionen und gemeinsame Standards. Daher können dann die verschiedenen technischen Lösungen nicht miteinander kommunizieren. Ebenso muss auf Gesetzesebene der Austausch von gesundheitsrelevanten Daten auf elektronischem Wege legalisiert werden. (1)
Nur technisch interoperable Lösungen ermöglichen den Aufbau einer Gesamtdokumentation im Sinne einer elektronischen Patienten- und Gesundheitsakte. In dieser könnten dann Daten aus Diagnostik, Therapie und Versorgung zusammengeführt werden. Dann nämlich kann die IT auch im Rahmen von Dokumentationssystemen im Pflegebereich unterstützend wirken. Dabei steigt die Dokumentationsqualität und eine Zeitersparnis ist möglich. (11)

Die EU unterstützt E-Health mit Fördergeldern

Gerade in Europa ist E-Health derzeit ein wichtiges Thema. (2)
Für die EU-Kommission hat die Förderung und Umsetzung von E-Health-Projekten eine hohe Priorität. Es findet jährlich eine E-Health-Konferenz statt. In der letzten hat die EU ein neues Telemedizinprojekt angekündigt.
Dieses Projekt hat den Namen Renewing Health und verbindet dabei neun europäische Regionen, in denen insgesamt 8 000 Patienten mit chronischen Erkrankungen mittels Telemonitoring überwacht werden sollen. Das Budget liegt bei 14 Millionen Euro. Ziel ist es, mit Hilfe dieses Projekts Informationen zu generieren, inwieweit Telemedizin bei chronisch Kranken die Effektivität der Behandlung bei gleichzeitig sinkenden Kosten leisten kann.
Ein anderes E-Health-Projekt der EU, welches vor zwei Jahren in zwölf Nationen gestartet wurde, beschäftigt sich mit der Entwicklung von Standards für E-Rezepte. Dieses Projekt soll vor allem den Patienten dienen, die grenzüberschreitend versorgt werden. (4)

Auch die CeBIT widmet sich dem Thema E-Health

Schon 2007 begann die CeBIT sich mit dem Thema Gesundheit im Rahmen einer eigenen Kongressmesse zu beschäftigen. In diesem Jahr dauerte der Kongress Telehealth die gesamte Messezeit. 2009 besuchten bereits 16 000 Interessierte den Fachkongress, der 2010 unter dem Thema Gesundheitstelematik stand. Schwerpunkte sind dabei Themen wie Prävention, Infrastruktur, Telemonitoring und Homecare/Ambient Assisted Living (AAL). (6), (8)

Trends

Einer Studie von Datamonitor zu Folge soll sich das Marktvolumen für AAL in Europa und den USA von aktuell etwa drei Milliarden US-Dollar in den kommenden zwei Jahren auf 7,7 Milliarden mehr als verdoppeln. (9) 34 Projekte wurden bei einer Umfrage der Bundesärztekammer im Oktober 2009 zum Thema Erfolgsfaktoren und Umsetzungsbarrieren klinischer Telemedizinprojekte befragt. Dass bei den Projektbeteiligten ein großer Austauschbedarf besteht, wurde aus der hohen Rücklaufquote von 79 Prozent gefolgert. Als größte Barrieren wurden Akzeptanzprobleme bei Ärzten (57 Prozent), fehlende Standards für Daten- und Austauschformate (43 Prozent) und der Mangel an geeignetem Fachpersonal (30 Prozent) angeführt. (7)

Fallbeispiele

Österreich beginnt mit der Realisierung der elektronischen Gesundheitsakte (ELGA). Ziel dieser Einführung ist eine Vernetzung aller medizinischen Institutionen, um damit in den Bereichen Diagnostik und Therapie Fortschritte zu erzielen. Plangemäß wird das System Ende 2010 oder spätestens Anfang 2011 österreichweit betriebsbereit sein. Vorreiter unter den österreichischen Bundesländern ist dabei Oberösterreich, welches bereits 2009 ein eigenes E-Health-Team aufgebaut hat. (2)

In der Region Bochum wird die elektronische Gesundheitskarte getestet. Hilfreich für einen erfolgreichen Test ist hierbei sicher auch, dass die Ärztekammer Nordrhein konstruktiv an den Tests zum Aufbau einer elektronischen Kommunikationsinfrastruktur mitwirken will. Eine intensive Unterstützung der Ärzteschaft bei Telematik-Projekten ist zwingend notwendig. (3) Wichtig für die Ärzteschaft ist bei all diesen E-Health-Projekten, dass die Patienten-Arzt-Beziehung und somit die ärztliche Schweigepflicht gewahrt bleiben. (3)

Ein Projekt der Universität St. Gallen mit dem Namen Independent Living untersucht tragfähige Geschäftsmodelle für ein unbeschwertes Leben auch im Alter. Das Problem daran ist aber, dass die Gruppe der älteren oder behinderten Menschen in sich nicht

homogen ist. (1)
Die deutsche Firma Sophia Consulting and Concept hat ein Armband entwickelt, welches automatisch einen Alarm an die Meldezentrale sendet, wenn es 30 Minuten nicht bewegt wird. Dabei ist auch an eine ansprechende Optik gedacht worden, als das Beratungsunternehmen dieses Notruf- und Betreuungssystem entwickelt hat. Der Nutzer kann auch nicht vergessen, dieses Armband anzulegen, da er mittels eines akustischen Warntons darauf aufmerksam gemacht wird. Der Zentrale werden vom Armband täglich alle Aktivitätsdaten übermittelt. Das lässt dann Rückschlüsse darauf zu, ob sich ein Trend zu veränderter körperlicher Aktivität erkennen lässt. Das Beratungsunternehmen würde bei erkennbaren Abweichungen der normalen Bewegungsmuster den Hausarzt konsultieren, um entsprechende Maßnahmen einleiten zu können. (1)

Der Einzug der IT in die Medizin wurde auch schon sichtbar, als amerikanische Forscher vor einigen Monaten die Ausbreitung der Schweinegrippe untersuchten. Mittels Zugriff auf Millionen von Online verfügbaren Patientendaten konnten Prognosen über die Ausbreitung und die betroffenen Regionen gestellt werden. (10)

Gerüchten zu Folge, plant Apple in Kooperation mit einer Großklinik in Los Angeles einen Pilotversuch mit seinem neuen iPad, dieses als multimedialen Datenumschlagplatz im Krankenhaus einzusetzen. (10)

Weiterführende Literatur

(1) Digitaler Arztbesuch
aus NZZ am Sonntag 28.03.2010, Nr. 13, S. 73

(2) Gesundheitstelematik: die Weichen sind gestellt
aus NZZ am Sonntag 28.03.2010, Nr. 13, S. 73

(3) Klare Mehrheit für die Gesundheitskarte in Nordrhein
aus Ärzte Zeitung Nr. 54 vom 23.03.2010, Seite 16

(4) EU-Kommission bleibt bei E-Health auf Kurs
aus Ärzte Zeitung Nr. 52 vom 19.03.2010, Seite 17

(5) Häusliches Telemonitoring bei chronischer Herzinsuffizienz: Chance für eine bessere Patientenversorgung?
aus Deutsches Ärzteblatt 8/107 vom 26.02.10 Seite 10131

(6) Häusliches Telemonitoring bei chronischer Herzinsuffizienz: Chance für eine bessere Patientenversorgung?
aus Deutsches Ärzteblatt 8/107 vom 26.02.10 Seite 10131

(7) Telemedizin: Teil ärztlichen Handelns
aus Deutsches Ärzteblatt 8/107 vom 26.02.10 Seite 314

(8) TeleHealth 2010 in Hannover: Von Prävention bis Homecare
aus Deutsches Ärzteblatt 8/107 vom 26.02.10 Seite [3]

(9) Intelligente Assistenzsysteme für Ältere
aus PZ Pharmazeutische Zeitung vom 04.02.2010 Seite 48

(10) Die Medizin im digitalen Fieber
aus Frankfurter Allgemeine Zeitung, 03.02.2010, Nr. 28, S. N1

Impressum

E-Health - Informationstechnologie wird Gesundheitskosten senken

Bibliografische Information der deutschen Nationalbibliothek

Die Deutsche Nationalbibliothek verzeichnet diese Publikation in der deutschen Nationalbibliografie; detaillierte bibliografische Daten sind im Internet über http://dnb.d-nb.de abrufbar.

ISBN: 978-3-7379-0364-6

© 2015 GBI-Genios Deutsche Wirtschaftsdatenbank GmbH, Freischützstraße 96, 81927 München, www.genios.de

Alle Rechte vorbehalten. Dieses Werk ist einschließlich aller seiner Teile – z.B. Texte, Tabellen und Grafiken - urheberrechtlich geschützt. Jede Verwertung außerhalb der Grenzen des Urheberrechtsgesetzes bedarf der vorherigen Zustimmung des Verlags. Dies gilt insbesondere auch für auszugsweise Nachdrucke, fotomechanische

Vervielfältigungen (Fotokopie/Mikroskopie), Übersetzungen, Auswertungen durch Datenbanken oder ähnliche Einrichtungen und die Einspeicherung und Verarbeitung in elektronischen Systemen.